José Carlos Turrado de la Fuente

FONTIOSO / ORFEO

Ápeiron Ediciones

2025

José Carlos Turrado de la Fuente

FONTIOSO / ORFEO

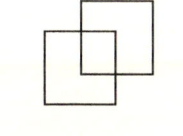

MÁSCARAS

1.ª edición, 2025

© Del texto, José Carlos Turrado de la Fuente

© Ápeiron Ediciones

C/ Príncipe de Vergara, n.º 132, planta 9
28002 Madrid
Tfno.: (+34) 611 00 28 41
E-mail: info@apeironediciones.com
http://www.apeironediciones.com/

Diseño de portada y maquetación: Ápeiron Ediciones

Papel procedente de fuentes responsables

ISBN: 978-84-129976-5-1
Depósito legal: M-5069-2025

Índice

Dedicatoria

Mil nombres a la mente escarmentada
me vienen, mi miseria es maestría,
¿quién en su infancia ignara pensaría
hallar letal la gloria terminada?
No falta en la entretela añada y yanta,
igual que tiempo esquilmo y elimino,
ceniza prefigura el pergamino
que al cálamo, y a usted, los desencanta.
El pórtico precede, tilda el friso,
el verbo tan remoto está aclarado,
no sé si me extravío o ha llegado
navío a puerto, pues nada diviso,
así que silencioso los retrato,
me sabe mientras tanto del racimo
el fruto, poco importa si es de limo
o acaso es fantasía de mi olfato;
hoy sirvo, libo, me santiguo y brindo
buscando la premisa más primera,
quiere trenzar la tinta cabellera,

claudico iluso, lucho si me rindo;
¡maldita soledad, que tan violenta
repaso sobre blanco y acompaso,
a la que es conducente mi retraso
que, bien lo reconozco, es quien me orienta!;
¡malhaya del mester y de este ramo
que esparzo apareciendo lentamente,
avaro manantial, reseca fuente
que exprime de mi carne cada gramo!
Predije yo ganarla, la perdiese,
no sé si soy un hombre o soy mujer,
es híbrido y estólido el placer
que lego al hijo que me sucediese
conforme a esta extenuada lucidez;
bendigo juntamente el puto día
y sueño con que a usted le placería
mayor el recital en sensatez,
pero no tengo más, seas "querida",
venciste, firmo, llámame Cobarde,
pasó ya la mañana, ya la tarde,
seas dedicatoria despedida.

INTROITO

La soledad es la plaga del mundo moderno.
A. Strindberg (1849-1912).

Teatro de una hora,
que nunca se verá representado,
Dios quiera que jamás
le falte liberal la fruta al árbol,
que el resplandor del verde
gobierne en su estación al gentil campo
conforme brille el sol
celeste en su moción naciente y alto;
no niegue su raíz
saciarnos de labor del hortelano,
y bálsamo en cenit
rezume del carpelo del durazno,
grandiosa la sandía,
humilde gusto a almíbares y arándano,
secunde tarde al alba
el ámbar que alimenta el entusiasmo;
confites escarchados
resistan al invierno duro y áspero,
como una flor de nieve
arraiga en una niña de diez años,
de doce, de catorce,

y crecen en sus ojos como pasmos
las lunas generosas,
latidos estelares en sus labios.
¿No vive cabalmente
de arar quien lleva a costas sementera,
de la zapa el morlaco,
del alma quien la labra y la dispensa?,
¿no vive de la chanza
quien porta gracia encima pajarera,
remonta al aire libre
y el pesgo duro y árido aligera?,
¿no vive de su ingenio
quien busca tiempo en tiempos tan escasos,
quien seca los sudores
hogaño a frentes de hombres extenuados?,
¿no vive de vender
el mercader y engrosa asaz hogaño,
su siervo y prestamista,
hasta la obscenidad, gordo tirano?,
¿no otorga su sarmiento
al fuego el vinatero escarmentado?,
¿no atiza acaso el ascua?
Me temo un hibernar mortal y largo,
ya siento tiritona
en viendo el ténder y el henil tan rácanos,
pregunto yo a la noche
siguiendo el hormigueo del cigarro.
¡Oh, soledad del buitre!,
es rico el albañal, no la pradera,

¿tenemos que emular
al torpe zarabeto y su monserga,
sus logros celebrar,
quizá parasitarle la cartera?
¡Oh, siglo estrafalario!,
el arte es hoy pagar, ¡quién lo dijera!,
¿quién se lo hubiera dicho
a Fidias en la aurora de su Atenas?,
¿por qué tanto cincel,
por qué traer marfiles de las selvas?,
¿quién puede convencer
a Rafael de respetar alberas
las telas y paredes
de Roma y la inocencia de Florencia?
Me rendiré mañana,
es sábado de otoño y es inercia,
la pluma no es de cisne
y muda se hunde en la tumba perversa,
no me salen los credos,
perdóneme el buen Dios esta tristeza,
ya me cobran ustedes,
avaro al fuego, que a nadie exonera.

FONTIOSO

Dramatis personae

El teniente Dutronc
El cabo Benoît
Gloria
Agustina
Angustias
Una
Tabernero

Andurrial estepario y meseteño, por algún culo del mundo an-
tiguo de Castilla la Vieja. Pasaron los fríos, primeros días calu-
rosos, sol chinchoso de mayo. Pareja de napoleónicos en trayecto.
En lontananza alcores, lomillas de trigal con el verde desvaído.
El teniente Dutronc es joveneto envarado, galán, chaquetilla
de húsar, cabalga su presumido francés de silla con guasquería
enjoyada y coquitos en la crin. A su rebufo un cabo modrego en
jaco de segunda, guardaespaldas, anchón, con visaje rural y he-
chizado.

Dutronc

Verás, Benoît bienquerido,
que en el fondo son serviles,
mujiks de caldos confines,
olvídate de tu nido.
Si por algo te semejan
similares a nosotros
no lo creas, que son moros,
salvajes cual comadreja.
¿Bravos, altivos y nobles?
Otros mundos, son leyendas,
que en cuanto surcas sus sendas
verás que de esos mandobles
nada queda en este siglo,
la hidalguía es sólo un mito,
a rellenos de cocido
se gana al españolito.
No he conocido español

que no fuera de guiñol,
te basta como soborno
un marranín en un horno,
gente de pueblo en palacios
son los más civilizados,
raza rústica, ridícula,
glotona, ruinaja y lúbrica.
¿Lealtad? No hay traducción.
Nada esperes de esta escoria,
tras dos años allá en Coria
yo ya aprendí la lección.
¿El honor? Nada de nada.
Si no es para chancineros
estos batracios de estero
nada quieren con la espada.

Benoît

Pues no es eso lo que cuentan
los vedraños del cuartel,
y en mi pueblo, en la Gascuña,
muy preocupados dejé
a mis pobrecitos padres,
plañideros a granel.
Que nos matan como a moscas,
eso se dice en Orthez,
y que pa' rendir Madrid
hizo falta aquella vez
más esfuerzo que Austria entera

no juntó ni a la de diez;
que en cuanto te das la vuelta
una faca acá en la nuez
puedes dar por bien hincada,
descabello y a correr.

Dutronc

Nada temas, mi Benoît,
cuentos de asustar chiguitos,
ogros para parvulitos
a la hora de acampar;
inocentadas nomás
que traman los veteranos
para burlarse de enanos
cuando acaban de llegar.
La verdad es diferente,
aburrida es la verdad,
la guerra es triste y vulgar,
nada heroica y sorprendente,
si entras en batalla, niño,
será un día, sin más cuenta,
y si caes en guerra cruenta
ya verás: es un ratito.
¿Lo demás? Echar la güeva
asqueado en una cueva.

Benoît

¿Eso es cierto? ¿No me miente?

Dutronc

¿Yo mentirte? ¿Para qué?
¿Los españoles? Gentuza,
tropa chueta y lameruza,
¿ves qué campos?, dejadez;
España es pobre y es sucia,
la tienen sus moradores
que da pena tanta incuria:
somos sus libertadores.
¿Ves qué llanos? ¿Ves qué estepa?

Benoît

Muy de campo es este menda,
y digo yo, no se ofenda,
que no poco ha de inflüir
que no llueva por aquí
sino muy de vez en cuando,
y los hielos del invierno…
y las brasas del verano…
vamos, que con este clima
sería un puro milagro
ver esta tierra un vergel,
suerte tenemos los galos.

Dutronc

Nada, nada, mera excusa,
que donde hay inteligencia
no hay hambre, ¡y viva la ciencia!
Es por tontos y es por vagos
el secarral de estos pagos.

Benoît

No sé yo lo que decirle,
no les tengo esa manía,
de estos pobres españoles
tanto malo no diría,
que algo tendrán, digo yo,
para haber ganado un mundo,
que hasta hoy, como quien dice,
dominaron a su gusto.

Dutronc

¿Y los pueblos? ¿Las aldeas?
Muladares hedïondos.
la calles, un estropicio,
las casas hechas escombros…

Benoît

Hombre…en medio de una guerra…

eso no es bueno, supongo,
que no están en buen momento
es de cajón…

Dutronc

¡Calla, bobo!
Y a mí no se me replica,
¡con lo que llevo yo aquí!,
¿qué sabrás tú de esta España,
de este andrajo hecho país?

Después del inesperado desencuentro padecen ambos militares de unos segundos incómodos que el superior trata de zanjar.

No me crees, por ignorante,
y es por turcio y por novato,
ya verás, Benoît bendito,
lo que opinas en verano.
No conocen de modales,
chusmalla sin distinción,
ta vas a comer eructos…
ni pizca de educación.

Benoît

No es por malmeter, señor,
pero es que es gente sencilla,
yo soy de pueblo también

y no noto esa sevicia…

Dutronc

¿Ves normales las maneras?
¿Es de humano el escupir?

Benoît

Es de humano el escupir,
y el zampar y echarse cuescos,
y andar a chuflas y enredos,
y soltar tacos cien mil.
Entiendo, igual en París…
en los ambientes de usted…

Dutronc

¿Qué sabrás? Ya aprenderás,
en verano me dirás.
Son inmundos, y cobardes,
retrasados y rufianes.

*La incomodidad regresa. Se percibe que el chavalín se muerde la
lengua por no desairar a su oficial.*

¿Qué pasa? ¿Algo que decir?

Benoît

Hombre…cobardes…cobardes…

Dutronc

Sí, cobardes, y rastreros.

Benoît

No es por faltar, mi teniente,
a la cabeza me vienen
historias muy conocidas,
gestas del pueblo español,
por los soldados temidas,
muy de consideración;
de una Agustina, la maña,
por no hablar de un Palafox;
para hacer sitio en Gerona
hubo que armar un sindiós
que ya quisiera Berlín,
si es que acaso se rindió,
que esta gente no se rinde:
lo parece, pero no.
Hay desánimo en la tropa,
mi teniente, y con razón,
miedo, miedo, mucho miedo,
y hasta desesperación.
El Barbudo allá por Murcia

nos está moliendo en chichas,
y más cerca, aquí al ladito,
cuentan que ronda un curita,
Merino para más señas,
que en lugar de agua bendita
pólvora lleva en las venas,
y las hostias las cocina
no con ázimo ni gaitas,
de sangre saca la harina,
¿chichas he dicho por Murcia?,
por Castilla, asadurilla.
También un tal Juan Martín
por Tizona lleva cheira,
y tocino granadero
harto surte su despensa,
dicen que monta banquetes
muy cerquita, en estas sierras,
de lo más cosmopolita,
nos convida él a su mesa.
Y de cerca de mi pueblo,
navarrico, por más señas,
un tal Paco Espoz y Mina
por las mismas ya comienza;
cunde en cuartel, mi teniente,
sensación de ser merienda
de este pueblo que ama el cerdo,
que le saca hasta las médulas:
la patria del embutido
es España, sin monsergas,

sin discusión ni debate,
y se queda sin reservas,
racanea el secadero
y nos tiene en sus aldeas.

Dutronc

¿Es en francés lo que escucho?,
¡ay, mi Santa Genoveva!
No puede ser, no lo creo,
se me erizan las orejas.

Benoît

Pues ya que lo dice usted,
que me mienta sus orejas,
las orejas de oficial
parecen de la apetencia
especial del castellano,
con guindilla y finas hierbas,
guisadas a fuego lento
la ternilla cual manteca
queda, por no hablar del morro
que le narra en franca lengua,
¿y la lengua?, en estofado,
y del gallo se aprovecha
(y es exquisito manjar)
en particular, la cresta.
Ayer en Sardón de Duero

uno ya faltó a la cena,
anteayer en Peñafiel
y el jueves en La Bureba,
no queda ni un solo alférez
desde aquí a Sierra Morena,
que no zampa así al tuntún
esta hueste tan mostrenca
como dice que es usted,
gastronomía selecta,
casquería, pero noble,
sin chanfaina soldadesca.

Dutronc

¿Que debería asustarme?
¿Me recomiendas prudencia?
Anda, tira, gallinita,
perdigón a la cazuela,
¿ves mi mano?, esto es un sable,
quien me busca a mí me encuentra.

A todo esto, la parejilla se ha metido en un marjal a orillas de un caño, donde cuatro mujeres hacen la colada entre los juncos, frota que te frota contra la tabla. Labor hacendosa, brío, energía, olor a flores, brisa y jabón de oliva y lavanda. Canturreos. Son una madre hermosona, Gloria, de unos cuarenta años, con sus guaponas hijas, Agustina y Angustias, confitadas y macizorras. A la otra orilla una jovencita muy adolescente, flaca pero de escote jubiloso, que no se sabe si forma o no parte del equipo

lavandero. Tardan en apercibirse de la presencia de los gabachos.
Cuando lo hacen, callan y siguen abnegadamente a la faena.
Grupas en alto.

Dutronc

Te concedo yo una cosa
de esta España conquistada,
y es que entre tanta guarrada
a veces se ve una rosa,
lindeza tan dadivosa,
que ya quisiera Versalles,
¡qué paisajes!, ¡montes!, ¡valles!,
¿no los ves, mi compañero?,
¡qué cuarteto de pandero!,
¡qué remates y en qué talles!
¡Las mujeres, las mujeres!
¡Qué mujeres! ¡Cuán jugosas!
¡Míralas! ¡Qué suculentas!
¡Jejejé!, cierra la boca,
sorbe la baba, alma loca,
¿y empiltrarlas?, tan contentas,
mansuetas, pero brïosas,
tan rotundas de placeres
que hasta si intentan negarlos
fracasan en dispensarlos.
¡Vaya jacas! ¿Qué? ¿Te gustan?

Algo tímido, pero visiblemente excitado, responde el muchacho.

Benoît

No le digo yo que no.

Dutronc

Pues nada, yo aquí te espero.

Benoît

¿Me espera? ¿Me espera a qué?

Dutronc

¿Cómo que a qué? ¡Ay, bobón!

Benoît

Así…en frío…claro, quiero,
pero, es que…qué digo…pero…

Dutronc

¿Qué pero porompompero?
¿Decir algo? ¡Para qué!
¡Qué verderón estás, niño!
¿A qué aguardas? ¿Al cariño?
No te cuides, son salvajes,
allá en Coria habré dejado

tanto extremeño bastardo
que de esta patria soy padre.

Descabalga el teniente petimetre y sin más diplomacia se acerca
por tras a Angustias *y le levanta la pollera. La muchacha sigue*
frotando. Se detiene la madre un segundo rechinando los dientes,
pero apretando los puños descarga nada más a golpes contra la
colada.

¿Ésta te gusta, pillastre?
¡Mira, ni enagua ni lastre!
¡Jejejé! ¡Que ni refajo!
Mira suave el estropajo…

Magrea y muestra como en feria de ganado, le abre y penetra con
las manitas de sibarita hasta la última pitera. Alza a la moza
morena del cabello. Ella amaga con armar su brazo, pero Du-
tronc se lo retiene y le rasga la sayeta. Queda al aire un pecho
precioso y pingüe, grande, de pezón oscuro, rotundo como un
doblón. Luego vuelve a subirle la falda para que el mozo tase la
mercancía. El cabo salivea como un verraco.

Benoît

Yo…yo…verá…mi teniente…

Dutronc

¡Venga, chaval, no te miro!

Ahí, tras esos pinucos.
Te la regalo, ¡hinca el diente!,
aquí no hacen falta trucos,
echa el cohete y al piro.

Finalmente el cabo descabalga y, con modales de conde finolis,
con indecisos mohínes de cabal enamorado, se lleva a la Angus-
tias a lo tapado. Socarrón, como morriñoso y añoradizo, el ve-
terano levanta la pollera a la madre y comienza a sodomizarla.
Gloria, aun altercada y dolorida, no deja de frotar. Agustina
zollipa flébilmente y sus lágrimas se vierten amargas al caño, en-
tre la espuma y la corriente. La otra mujer, ni un gesto. Al poco,
regresa descamisado y amolondrado el chavea con la bragueta
empapada, como hijo orgulloso ante un padre amante y brutal.

Dutronc

Espera, que ya termino. (…)
Venga, sigamos camino.

Trepan de un brinco a sendas cabalgaduras y se van. Angustias,
incluso a jiponcios de aflicción infinita, vuelve arrodillada a su
puesto. Aquí no ha pasado nada.

Gloria

Calla, Angustias; tú, Agustina,
al padre ni una palabra.
Aquí no ha pasado nada.

Aquí no ha pasado nada.

Continúan el trayecto los soldados, el más joven desnortado y como sin brío.

Dutronc

¿Qué te ocurre, perillán?, te veo flojo,
sin tu fuelle, sin tu fuego, sin fulgor,
sin tu fuste, sin vigor y sin ardor,
aquilino en la montura y sin arrojo,
te elegí por tu energía para el viaje,
por tu labia, y el azogue de tu mente,
por poder yo conversar inteligente
y asimismo sortear cualquier peaje,
y ahora mismo, la verdad, eres un muermo,
mi Benoît, un monumento del bostezo,
¡vaya plomo!, ¡qué aguafiestas!, ¡qué adererezo!,
vamos, que un poquito más y yo me duermo.

Benoît

¡Ay!, lo siento, mi teniente, se me pasa,
ya retorno del dominio de Saturno,
me entró un flus, un piano, un féretro, un nocturno,
pero nada, ya se fue, vuelva la guasa.

Dutronc

Así sea, perillán, venga, sonríe,
¿sabes tú qué diferencia hay entre niña
y mujer?, es la maldad, la socaliña,
que a la niña hay que educar, que no se fíe,
te las llevas a la cama para un cuento,
para el cuento que les cuentas de mayores
para convencerlas de piltra y favores;
lista y tonta es a la vez, mismo momento,
la cabal institutriz del bello sexo,
la más sabia, sólo dice tonterías,
la más tonta es más sagaz, ¡vaya ironía!,
y así marcha el mundo cóncavo y convexo.

Benoît

¿Y no pueden simplemente, mi teniente,
mujer y hombre convivir, vivir en paz?
Tal vez sea la quimera de un rapaz
que no piensa, lego y ledo, y que no miente.

Dutronc

Las mujeres con poder se vuelven locas,
sexo en ellas significa tiranía,
a su mando el mundo se enloquecería,
todo sexo, adolescencia; te equivocas.
Ya no habría economía ni gobierno,

ni orden, ni guerra ni paz, siempre lo mismo,
sólo piensan en el sexo, que es su abismo,
tú eres hombre, por eso eres rudo y tierno.
Profetizo un porvenir, el más oscuro,
bajo un credo con substancia de mujer,
si llegara, acabaría en perecer
toda civilización, eso es seguro.
Debe el hombre mantener, y es sacrificio,
su obra incólume, no sólo por su orgullo,
por delicia e interés, también el suyo,
de los niños y mujeres, ¡duro oficio!
Vivir siempre niño es harto tentador,
quedarte como sedado en arrumacos,
¡sacúdete, despierta!, que es un bellaco
mayor el blando y dócil que el pecador.

Reacciona empero, después del discurso, el mozo estallando en un sensacionalista, narcisista y exhibicionista llanto irracional y desbocado.

Benoît

En mi pueblo aquitano
tengo un amor temprano,
radiante buen verano,
¿así le pago?;
una moza tan linda
que agraz es una guinda,
que el Cielo me avecinda

más humano.
Seré ya eternamente
arrepentido ingente,
indigno e indecente,
¡vaya endriago!,
por un furtivo instante
de débil querulante,
el vientre por delante,
como un vago;
memoria de aquel día
en la España baldía,
abyecta fechoría,
placer vano,
y tengo ahora presente
a mi novia incipiente,
ignara penitente
de mi estrago;
¡tan dulce su promesa
de prímula guardesa!,
"te aguarda tu princesa",
¡bobo aciago!,
¿tendré yo que mentirle,
perenne el omitirle
que soy salaz y chirle?
Benoît en mí se ha muerto,
mi nombre es hoy Desierto,
mi nombre es hoy Mamerto,
soy Fulano.
Seré como el parásito homicida

que habita en el hogar del intestino,
que junta al anfitrión a su destino,
arquea taciturna, urna podrida,
que engorda y que se mata, nuda vida,
el más elemental zangolotino,
el férvido ejemplar más jacobino
en infernal bandeja asaz servida.
¡Oh cuánto, mi señor, yo me arrepiento
de haber hundido mi cielo en caliente!,
me siento sordidez, no me consiento,
me miro desde fuera, como un cliente
quejica e insolente y descontento,
inconsolable, un gordo inapetente.
Es ella empero don, virtud, manjar,
¿tuve que fornicar por darme cuenta?,
¿fue para bien tasar perder la renta,
fue para vagamundo el buen hogar?;
¿sus ojos?, esperanza es su mirar,
de límpida esmeralda sin afrenta;
¿su boca?, florecilla suculenta,
clavel bien purpurado en labio par;
¿su pecho?, par simpar, y un corazón
más brioso y generoso que un sol nuevo,
¡merece quién morada de su vientre!;
¡ay!, mi desmerecer es condición,
a demandar limosna no me atrevo,
Fulano, sea yo, quizá lo encuentre.
Seré sonrisa falsa en antifaz
del carnaval infausto que es vivir,

vivir que sin perdón será morir,
de tumba aquí en mi seno hay un disfraz;
ante su faz flamante y tan feraz
feroz será baboso este Mamerto,
¡yo quiero acabar ya!, ¿es que estoy despierto?,
no sé ni abrir los ojos, de incapaz.
¿Es cosa de la guerra, mi teniente?,
¿la guerra, sin un tiro, he descubierto?,
¿ha sido primer baja éste que siente
que con tuerto disparo ya se ha muerto?
Benoît es el chiquillo que, imprudente,
yace ante usted, sicario un tal Desierto.
Es ella, sin embargo, mi latir,
es ella el acto puro e inocente,
me espera en Pomarez, la más paciente
Penélope que aguja en el nadir;
la luna llora, tal es su plañir,
hasta el cometa pasa condolente,
le lanzo desde aquí toda mi mente,
¿entiende usted la muerte que es mentir?
¡Confesaré!, no… no… que no me atrevo…
¿lo ocultaré?, ya falso será todo,
¿perdonará?, de su perdón dependo,
¡cobarde soy!, descubrimiento nuevo,
¿podré sobrevivir comiendo lodo?,
¿yo me perdonaré?, ¡dolor tremendo!

Dutronc

¡Joder, chaval!, ¿hay edecán más tedioso?,
¿factótum más vulgar, rumiacho y pelmazo?,
¡anda, canda el morro y sórbete el mocazo!,
llegamos a poblado, pone…Fontioso.

La siguiente escena tiene lugar en el comedor mohoso de un ventorrillo escuálidamente provisionado. Huesos de jamón con apenas chicha, pellejos desinflados, damajuanas polvorientas y vacías. El tabernero, anciano caduco y enfermizo, huelga remangado detrás de la barra. Mira a los ojos de la muerte. Sólo hay cuatro mesas y la estancia está vacía. Los soldados continúan su coloquio mientras engullen un potaje craso, en el que el dueño ha debido de meter las últimas cuatro tajadas substanciosas de toda la comarca. Mientras los invasores platican, sílfide silenciosa, se hace presente la cuarta mujer del caño, chavalina de rostro buido y límpido, flacucha, magra, lambrija, pero de ubres apetecibles. El tabernero le sirve una escudilla de sopa y se sienta a un extremo. Ellos, carrillos llenos.

Dutronc

¿Que cómo es entrar en liza?,
yo lo conozco de Prusia,
aquí no he pegado un tiro;
luché de dragón en Jena,
vencimos sin gran problema,
maté lo que no está escrito;

tuve suerte, me supongo,
no hubo sensación de riesgo,
pese a que salí algo herido;
aquí, por el muslo izquierdo,
desde la corva hasta el medio
tengo un mosquetazo limpio.
Barro y llano, que era otoño,
el encuentro fue un segundo,
cosa de visto y no visto;
lo que impresiona ante todo
es la multitud callada,
doscientos mil y ni un grito.
¿Te imaginas, mi Benoît,
doscientos mil hombretones
todos juntos, sin sonido?
Frente a frente en formación,
tensión, cogidos al arma,
callaban los pajaritos.
Lo terrible es el después,
lo impactante es el paisaje
que queda tras la batalla,
los miles de mozos muertos,
despedazados, dispersos,
los quejidos, las entrañas,
el limo sin agua, sangre,
el hedor a podre y pólvora
y las piernas amputadas.
Poco vi yo, sin embargo,
me sacaron en camilla

al hospital de campaña,
me bizmaron sin urgencias,
me salvaron sin problemas
el miembro y luego, pues nada,
me ascendieron hasta alférez,
reconocieron laureles,
convalecí en casa, en Francia.
Dicen que para luchar
ya no valgo, eso se creen,
exageran la cornada,
pero ya ves tú, a mi plin,
destináronme a un confín
donde, en serio, no hago nada;
por aquí, en este país,
el frente es muy diferente,
hay guerrilla y no batallas,
y aunque sea yo oficial
nada sé de comandar,
por eso es aquí mi plaza,
pues en artes de la guerra
yo no paso de aprendiz,
criaturita jubilada.
¿Que me han quitado de en medio?,
lo confieso, ¡a ver si no!,
no seré quien diga nada.
Nada, nada, nada y nada,
que así es la vida, rapaz,
jalar, follar y…pues nada.
Si te han dicho que no es cierto

te lo habrá contado un necio,
un *chalao* con sus bobadas.
Hace un rato, cuando estábamos en ruta,
me dejaste así caer, no sé por qué,
que me tienes de París y egregia cuna,
y no es cierto, en mi familia hay el parné
justo justo para andar sin apreturas
y no vengo de París, sino de Reims.
Tres hermanos, tres hermanas, y la altura
de mi padre, Dios lo guarde, llegó a juez
y con la Revolución, sin montar murga,
por quitarle la función sin escocer,
diéronle buena pensión, de sinecura,
un buen piso, una propina y a correr.
Ya ves tú, sigue los pasos este húsar
de familia, ser mediocre es un placer,
si te cuentan otra cosa, será un curda,
será un rico, será un pobre, una mujer,
fantasía, ley, amor, pura tontuna,
eso no es imprescindible, tenme fe.
¿Mi consejo? Cumple, escapa de torturas,
no te metas en pendencias y a comer.

Benoît

No sé, no sé, mi teniente,
que comulgo *grosso modo*,
pero vienen a mi mente
situaciones esperables

en las que el credo candongo
que me vende, que comenta,
no es posible, no es vïable.
Precisamente por eso
pisamos puestas las calles,
a ver si se piensa usted
que crecen como frutales
las sinecuras de usted,
y que son nuestras ciudades
habitables porque sí,
paraísos terrenales.
Usted mismo, aunque no crea, ha confesado
que luchó y que defendió a nuestra nación,
y lo hizo, y a enemigos consumados
los venció, pudo morir pero triunfó,
se merece usted su paga, y es pagado,
quiera o no, aunque le falte vocación,
y si no lo hubiera hecho, no hay cuidado,
comeríase los mocos, e igual yo.

Derrotada nuevamente su prestigiosa pose de tipo duro, descreído y escarmentado, el teniente deja el cucharón, pensativo.

Dutronc

Anda, que no te queda a ti que aprender…
has de morderte más la lengua, pardal,
no sé si en el ejército te irá bien,
no sé yo si es tu lugar, ser militar…

El muchacho relimpia el hondo y no deja ni las zurraspas. El mandatario está distraído, aturdido. Con un gesto, el cabo pide permiso para marcharse, y con dos dedos Dutronc *se lo da. Ya solo, vierte* más tintorro en la jícara, y parece que un poco ebrio le entran filosofías, sufrimientos y melancolías. Se fija entonces *en la zagala pueblerina que lo observa desde el otro lado de la sala. Queda bastante obra todavía, pero de aquí hasta el final nadie va a pronunciar una sola palabra.*

La chica pone mueca de coqueta, le enseña al oficial primero una pantorrilla. El hombre entiende y se le escapa una risilla resabiada, con un dejillo triste. Al poco la tiene con todo el descaro en su taburete, con las patas abiertas, mercándole a todas luces al cliente la pimpollita purruseta. Él se levanta macilento, como ya de resaca, se dirige hacia ella y la toma desilusionado de un brazo. Puta en una mano, botella de vinazo en la otra, tira seguido hacia su alcoba entre regüeldos y somnolencias.

El dormitorio es humilde, como la fonda, camastro recio, mantas mondas y rasposas, mesilla y un florero, palangana, aguamanil y nada más. Ambos personajes se desnudan y comienza el vicio, se ponen a fornicar, ella encima, él debajo, pervertido por inercia pero poco participativo. Ella se corre como una sobreactuada actriz americana, con las manos enredadas en la melena, gañe el orgasmo ora gatuna, ora leona; él solamente tirita un carraspeo grave y un temblor. Cae la neñina sobre el pecho del hombre y se explaya voluptuosa y mimosa; él la aparta, la deposita a un flanco del colchón, pega un postrer trago a la botella y le da la espalda. Cierra los ojos. A los pocos segundos, empieza a moverse, a retorcerse, como a sentirse incómodo. La moza ya está de pie, contemplándolo en pelotas. Se ríe de él. Él se asfixia, lucha para incorporarse, quizá para matarla, pero ya no es capaz. El veneno lo vence, se lo come por dentro, le entra un tembleque y ya está. Ella se coloca de cualquier manera su sayeta translúcida. Silente continúa la noche. Sale al pasillo, llama a la alcoba de enfrente, la del cabo. Benoît, que debía de andarse ya por el cuarto o quinto sueño, abre en camisón palmatoria en mano. La jovencita entra en sigilo.

TELÓN

ORFEO

Dramatis personae

Orfeo
Ticio
Alfeo
Níobe
Coro de escolanía

Recital en el teatro Carrión. Multitudinario coro y carísimo cuerpo de ballet. Tendrá que trabajar humilde y apretadito. Probablemente se modificará parte del proscenio. Se intentó llegar a un acuerdo con el Calderón, pero no se consiguió. En un futuro, sería ideal acceder a un emplazamiento evocador al aire libre, por ejemplo, el teatro de Clunia, un día que haga bueno. Se alza el telón. Escuchimizado y enclenque Orfeo *en mitad del escenario, sucio, a duras penas viviente, engalanado de mugre, epiblemata pringoso y rieza. Pequeño e invisible acompañamiento ocasional de instrumentos estrambóticos, cada cuál de su pelo, con cierta tendencia a la atonalidad y a una modalidad frigia paradoxal y limpia. Lo demás queda al criterio del compositor. Tablado pelado, desesperación costilluda. Se entrevén de fondo carbonizadas arquitecturas vegetales. Pobre esquematismo cruel. Foco al centro.*

Orfeo

Me han dicho que no estás,
si estás, que no me escuchas ya, Talía,
el ázimo reyeldo
es todo el alimento de mi hombría,
¡ay, afligida el alma!,
supongo que peor será la lira,
rancea y falta crin,
no creo más sublime cuerda mía;
y sin embargo *hélas!*,
aun siendo la rapsodia torticera
la música se intuye

con ritmo funerario en pigre espera,
¡oh, pueblo de Pequín,
que Piotr está afinando la celesta!,
perfora mis oídos
como una fantasmal, vacía orquesta.
¿Entusiasmo?, ni pizca,
locura alucinarlo aquí, en tu mano,
¿energía?, ni asomo,
en cuero viejo, crespo y enervado,
¿esperanza?, sin luz,
en este arpegio escuro y entramado,
sin hebra y sin hilván,
me silba viento credo eviscerado;
entreverado aliento
de asmático orador, hoy sin nostalgias,
si algún día canté
sonoro en pos de Eurídice, mi santa,
ya no, se me olvidó,
me absorbe la sequía de esta Arcadia,
mejor será negar
que un día fuera gema y porcelana.

Coro

Contemplen, tristes gentes,
inercias de lamento de este Orfeo,
¡oh, bárbaros abstrusos!,
tan débiles, ignaros, siervos fieros,
¿les cede la atención?,

¿a quién atienden, muertos, los espectros?,
vacantes por el Hades,
son todo baratura, ¿qué misterio?

Orfeo

¿A quién sorprenderá
el sórdido confín que es hoy Nemea?,
carroña, polvorina,
cadaverina equina y cinegética,
rey libre y sin domar,
los templos ruina, brasas en la aldea,
los niños en el vientre
no quieren ya ni sol ni noche buena.
Se niegan a salir,
se agarran a la víscera enfermiza,
son garfas y esmeriles
lo que debieran ser sólo manitas,
otrora flébil lloro
es trueno que ensordece, ¡qué ignominia!,
en piélagos remotos
retumban sus demencias homicidas.

Coro

¡Miren a Orfeo, el cruel,
gozando de dolor, melancolía!,
tristeza deleitable,
placer inicuo, vicio de agonía,

se pelan a sus pies
praderas que atrás fueran florecidas,
protegidas por nadie
perdura su belleza en ser extintas.

Orfeo

Negror, sable, masacre,
es lápida la Hircania desalmada,
rugidos por doquier,
matanzas, acratía, caos de entrañas,
¿es que puedo esgrimir
en brega esta arma mía, delicada?,
risible pugilato
en tan estrepitoso pentagrama.
Un leviatán de tierra
arrasa desolados labrantíos,
¡feliz sepulturero,
con carne cresponada en los colmillos!,
describo ese paisaje
de ojos amarillados y sombríos,
versos de clerecía,
en vez de solfas soy doctor en ruidos.

Coro

¡Oh, aedo pervertido!,
te vemos, que no engañas, complacencia,
no es lágrima, legañas,

estéril ornamento de petellas,
simulas mal sentir,
te oímos el latir de tus querellas,
tu pulso de elegía
no oculta que por dentro estás de fiesta.

Orfeo

De Gerión el ganado
agota a su capricho huertas, pozos,
¿qué soy contra Euritión?,
siento pavor cerval, me escondo de Ortro,
¡no mires, oh, mi musa!,
¡cuánta vergüenza surte de este escombro
que fuera otrora voz,
hoy suena a pollo, a gallo, a esputo, a golfo!:
letales pasacalles
con graves ataúdes en la espalda,
polichinelas tristes
con gris la palidez y boca blanda,
exangüe sopranía
con gorja de carmín ensangrentada;
¿cómo suena la vida?,
no sé, Talía, así suena la Nada.

Coro

¿Insistes? ¡Oh, mendaz!
¿Es que no has consolado tu apetito?,

¿jamás has de parar?,
¿nunca se detendrá tanto martirio?,
¿te vas a amartillar
sin fin, sin objetivo, como un niño?,
¿tendremos que aguantarlo?,
si no hay educación, ¡ay, Dios!, ¡auxilio!

Orfeo

Antaño los rendí,
a mí me rodeaban mansamente,
felices, me mimaban,
tranquilos, respirando mil placeres;
hoy veo a Licaón
exterminando a nenas inocentes
en urbes demolidas
donde no existe el lecho y no amanece;
pescuezos asfixiados
por áspid y colas de Dracaena,
pestíferos océanos
ensalivados con licor de Lerna,
guerreros derrotados
que en vano afrontan rostro de Anfisbena,
liberta hibridación
en donde inmensa impera la Quimera,
telquines con tizones
en su pulmón hediondo, a pleno grito,
erinias sin edad,
sin fe, sin religión, ningún motivo,

eurínomos sebosos
de espíritu inasible y mudadizo,
harpías, mormos, grayas
y mire donde mire basiliscos.

Coro

Arenga de Babel,
los monstruos proliferan, semifusas,
conforme tu rapsodia
se expande por el aire más confusa,
¡calla debilidad!,
si eres cobarde, pagues tú tu incuria,
¡no escuchen, hay virtud!,
si empieza a escasear es por su culpa.

Orfeo

Escucha tú, mi amada,
aquí, a mi dextro flanco, el testimonio
de Ticio, compañero,
y sea mi invocar también su exordio,
ya pare su vagir,
¿no lo oyes?, ¡qué sufriente y doloroso!,
quizá me odies a mí,
que no parta conmigo el calabozo.

Abandona el foco a Orfeo *y se desplaza a su derecha, donde
aparece delirante, sollozante, encadenado a un risco, un*

macerado y seroso corpachón penitente y grotesco, hostigado sin
fin por alegóricos buitres. Toma el relevo.

Ticio

"Al alba venceré",
¡oh, Dios, que me han matado en el intento!,
feroz lluvia de estrellas
diluvia sobre el mundo, ved mi cuerpo,
pregunto, ¿he sido un héroe?,
te ríes de mi rictus y esqueleto
y una furtiva lágrima
inmóvil serpentea en mi pellejo.
"¿Siquiera dignidad?",
me fuerzo a formular, mas ya estás lejos,
no es noche ya, ni es día,
mi grito no trasciende de silencio
y fría continúas
dormida en tu torreta, y es eterno
fracaso el de mi amor,
Satán me derrotó y no queda tiempo.
¡Qué tedio en la batalla
que libro a cada torpe movimiento!,
tú duermes, no despiertas,
no te bautiza el nombre, bella Leto,
o te lo reivindico
o toscamente añado inopes celos,
¡oh, Leto, tu falón
jamás te olvidará!, es en ti do peno.

El ser más miserable
aún tiene cabida bajo el velo
amable que te envuelve,
cendal tan luminoso y azulenco,
donosa muselina
toda felicidad, cabal proverbio;
por el contrario yo
te adoro, y es mi pago el sufrimiento:
hasta urticante el piojo
puede aspirar a oler limpios cabellos,
sus ondas sosegadas,
igual que navegando un mar eterno
de dulce calidez,
tan suaves, bonancibles, tan rubielos,
ebrio de su salmodia,
borracho del licor de tu gobierno;
¡cuán despojada frente!,
igual que una patena hecha de electro,
radiante continente
de hermoso y siempre recto pensamiento,
al más libidinoso
aún puede enmendar si en el encuentro
de tu santa docencia
obnubilado imita el ceño terso;
tus cejas como brines,
flotantes, oreados y ligeros,
tus párpados de orquídea
que aroma pareados dos océanos;
¡Orfeo, que tu lira

reparen las pestañas de mi Leto!,
tan luengas y elegantes,
melífera junquera de arroyuelo.
¡Oh, buitre, aléjate!,
achicharrado por el sol vulturno
devórame mi juez
por medio de tu aliento nauseabundo,
por siempre tu silueta
horrible, ¡qué aberrante tu discurso
violento y carnicero
que es todo lo que oiré hasta el fin del mundo,
del tiempo y más allá!,
¡oh, Dios!, ¿por qué inmortal soy hijo tuyo?,
¿por qué no callaré?,
¡oh, Dios!, odio pensar, quiero ser bruto,
una inocente piedra,
ameba sin conciencia o un capullo
de flor que en el pradal
se mece sin sentido por tu arrullo.
¡Mi bella!, ¿no es tu voz
sosiego para el interior tumulto?,
graznidos oigo yo,
abanto monodiar tan tremebundo
no me deja admirar
aquel melisma casto y sin orgullo,
perla de candidez,
delicia licia, pífano profundo.
¡Madre de la Natura,
de Diana y Febo!, entente que en conjunto

consunto aquí sostiene
mi espíritu viviente, moribundo,
en sinigual sentencia,
en desesperación de juicio injusto,
¡cuál pudo ser mi oprobio
en par comparación con este yugo!
El cuello grácil, largo,
quisieron mis caricias hacer suyo,
los senos más turgentes
prendieron mi deseo loco y túrbido,
no vi la dignidad
del sexo, de la valva, confín puro,
pureza sin final
trocó el ciego falmego en un insulto;
por tu nuca, tu dorsal,
mi mano descendió hasta el mismo glúteo
galante y formidable,
y la ingle con la nalga, abdomen, muslo,
sin ver yo transité,
envidia de invidente, macho burdo,
¡cuánto puede perder
varón en dos, tres, cuatro, ni un minuto!
¡Maldita condición
menesterosa!, ausencia, anhelo crudo,
pequeño corazón,
¡quién lo tuviera enorme o absoluto!,
pateando un planeta
en busca de una nada, de un murmullo
que siente que le falta

para llevar un nombre. ¡Cuánto absurdo!
¡Reniego del blasón!,
es tarde, bien lo sé, que soy culpable,
no por negarme a serlo
podré yo conseguir que lo hecho cambie,
sagrada es la prudencia,
poder es el de Dios, perdón el Padre
tan sólo puede dar,
sus dones maculé, pues fui cobarde,
jactancia por mis venas
fluyó, y por siempre fluye, pues si plañe
mi laringe feroz
es sólo por temor, soy implorante
tan sólo porque el buitre
flagela cruentamente mi ruin carne,
el pene se me enhiesta
aún, aún repito imaginarme
follarte sin parar,
¡oh, Leto!, penetrarte y magrearte,
centímetro a centímetro,
violar cada pitera del semblante
valioso y tan sutil,
reincido mente adentro querulante,
lo que busco es placer
si el buitre cesa por un solo instante.
Obsesionado estoy,
por tu ano, por tu boca, por la parte
más blanda de tus mollas
que como una ojivita cierras y abres,

mi sementera es tósigo,
ponzoña entera, vil, contaminante,
podría ser lustral,
mas igualmente iría yo al combate.
¡Por qué no aprenderé,
oh, Dios, que debes bendecir la carne!,
beber, comer, follar,
tan sólo han de pasar el simple trámite,
¡cuán fácil es, cuán arduo
es sin cinismo el alma a Ti entregarte!,
¡oh, pesia este pensar
que si álzase hacia Ti es para engañarte!
Negocio, ¡seré tonto!,
¿por quién te tomo?, ¿por un negociante?,
te humillo sin parar
al dirigirme a Ti sin humillarme,
te trato como igual,
de cara a cara, como si cofrade
de trapisonda y chueta
Tú fueras, un humano y no Dios Padre.
¡Sinceridad y amén!,
un límpido "se haga tu voluntad",
te entrego mi quehacer,
sólo eso diferencia el bien del mal,
orientas tú el vaivén,
católico es igual a universal,
sanar puede ser malo,
quien sana solo siembra enfermedad:
tomen cabal distancia,

sus diarias empirías probarán:
a cien almas segaste,
a cinco pretendías tú salvar,
a mil las devastaste,
a tres te proponías tú ayudar,
si es a espaldas de Dios,
si no es a tu través su voluntad.
El más inteligente
es todo oligofrenia radical,
¿es esto ser un sabio?,
¡pero quién no lo sabe, si es refrán!
Tan sólo es en cristiano
aquel imperativo, así es real,
equivalen entrambos
en Lucas y en la pluma de aquel Kant.
¡Qué hastío, siempre en vano,
jornada tras jornada perjurar!,
pues sé que si pudiera
toparme con mi Leto una vez más
igual me comportara,
igual procedería a disturbar
de Panopeo a Pito
su viaje y su harmonioso caminar.
Tentado por sus pasos,
de su grupa y figura diapasón,
se me caldearían
harto temperatura y sinrazón,
baboso seguiría
el rastro cual sabueso cazador,

y a ritmo de sendero
siguiera del pandero la canción,
a un lado, el apetito,
al otro, es el dintorno juguetón,
jugoso, saliveo,
la lengua crece de imaginación,
el talle firme, esbelto,
silueta y tembladera y en sazón,
¡ay, comer con las manos,
los ojos, o a cuchillo y tenedor!,
los dientes afilados,
la aguja aguda marca dirección,
batuta dionisiaca,
vara de zahorí y advocación
a santa la humedad,
y célere ya intuye aquel bombón
que hay hambre, y hay lujuria,
se masca en soledad de aquel rincón;
ya va trotando Leto,
late concupiscencia aún mayor,
pues le bota el culete,
botan tetas, inercia y perdición,
y las codicio quietas,
entre manos, la pillo del mantón,
la lanzo a la cuneta
y tórnase en folía el rigodón;
la túnica remango,
la rasgo, trago y trago mamelón,
la lengua viperina

le liba a la una néctar y sudor,
¡yo quiero coño, pelo,
afuera saya, andrajo molestón!,
ya presto la arrodillo,
¡soy Ticio, soy titán, soy gigantón!;
el rostro contra el rebro,
me enciende más saber que su rubor
seráfico y polido
se empana con arcilla y polución,
que le cuelgan las ubres
si empujo, ¡qué donaire pendulón!,
y me saco el ciruelo
voraz, pedernalino, hecho un lanzón,
pura sangre alazán,
fragancia de intestino busco yo
al separar la zaya
y encuéntrola como Moisés halló
la ruta del mar Rojo,
almagre borda el ano en la ocasión,
y empieza sodomía,
la danza a son de do, re, mi, fa, sol:
do, de señor, tenor,
recoveco, ella grita de dolor,
mi cadencia se encabrita,
fabuloso de gimnasta el corazón,
solitario en su gruta,
la penetro, soy trépido ladrón,
si me hundo y me restriego
regreso, firmo, pectoral el ¡do!

Me he dado y derramado,
calambre en cada gramo, soy tendón
entero más que músculo,
y tiemblo y le vacío mi bidón,
extraigo el boquerel,
contemplo luego cómo desgarró
tronera este monarca
y pinga gota a gota requesón.
No bien hube violado
a la deuda de Ceo con Febea
me separé, abarríla
a la barda y zollipaba cual doncella,
feble, débil, confusa,
su cuerpo sobre el fango, ¡oh, mi belleza!,
y la sentí tan hembra
que quise, sin descanso, poseerla.
No igual, con menos brío,
con menos energía y menos fuerza,
pero le abrí las patas
y al verle la ranura me encendiera,
en menos de un segundo
hendí virilidad en la entrepierna,
hasta el fondo, tendido
sobre su dúctil torso de princesa:
domeñé sus muñecas,
recorrí sus adarves y cavernas,
mi indómita pasión
farandulera hería sus caderas,
solté mi seso libre,

la mera realidad me desprendiera,
si se me preguntara
no sé quién fui, ni a un nombre respondiera.
¡Acuátil, cristalina,
ahogada de abnegada su mirada!,
allá la abandoné,
anónima y errátilmente exhausta,
me fui y no se movía,
y no sé cómo, pero enamorada
quedóse junto a ella
después, traidora, fiel, inmunda mi alma.
Sospecho que por eso
Apolo fácilmente me cazó,
que la diosa Artemisa
pudo identificarme y capturó,
el hígado los buitres
devoran cada día y el dolor
no disminuye nunca,
es nueva la pitanza con el sol.
Dictada la sentencia,
no puedo ni ensoñar liberación,
fingir abogacía,
recurso, ni careo, revisión,
el tren de la justicia
por este apeadero ya pasó
y nunca volverá,
la llave de mazmorra se arrojó
al más obscuro abismo,
donde nadie reside sino yo.

¿Sabes, Orfeo, hermano,
lo que hace esta condena aún peor?
¡Ay, que me enamoré!,
¡ay, estojoso lance sin perdón!,
¡no fue antes, sí después!,
¡desanduviera el tiempo en su rotor!
¡Tan breve la ilusión
que es el amor, fugaz y sin sentido,
y tan larga la ausencia,
tan cruda es la cadena al resentido!
¡Picad, aves, zampad,
colmad vuestra ignominia y apetito!,
¡hended vuestra abyección
en el cicatrizante y mustio hígado!,
pues nada en comparanza,
un alifafe, achaque, un roce tibio,
supone con la enorme
punción al corazón cada latido.
Un terebrante trépano
cual fierro incandescente, enloquecido,
se me clava hasta el fondo
y cuando hasta allí alcanza es removido.
El pecho de mujer
es dádiva y se entrega y es pasión
a todos, a cualquiera,
excepto a quien lo hiriese y humilló,
¿cómo podría Leto
enamorarse de quien la violó?,
ya nunca me amará,

y siendo así, ¿por qué pedir perdón?
No sanará su tacto,
su pátina sedosa de amaranto,
esta cuertiembre gafa
que tanto sufre y necesita tanto,
¡rázago de emoción!,
¡oh, vitreo arroyo, sinigual ensalmo
femenino y lustral,
misa crismal para un señor cansado!
Ya nunca me amará,
¡picad, tragad!, ¡engorden los busardos,
chacales y alimañas
con el sufrir de este espurio bastardo!,
pues quiero yo sentir,
si no el amor, acaso el fungo espanto,
si no puede el placer,
su falta es mi cimbel y mi entusiasmo.
No sanará su canto,
angelical brisilla de canario,
esta oreja peluda,
incólume preludio presidiario,
corredor impaciente
hacia un jamás calmado y buen cadalso
que solicita viento,
la viola, el chelo limpio de un *adagio*.
Ya nunca me amará,
¡gruñid, gritad!, el crascitar reclamo
de las gorjas nefandas
que mis piltrafas mezclan con el barro,

el fango, hiel y cieno
son sangre y flema de este infausto fato
que pena para nada,
¡penar!, ¡qué sustituto tan malvado!
No curará su olor
el podrebundo hedor de mis sobacos,
el almacén de heces
que crece y crece aquí, a entrambos mis flancos,
truños a veces míos,
a veces del verdugo empapizado,
guano, zurullo, bosta,
pungivos cagajones y ababayos.
Ya nunca me amará,
¡venid, urracas, moscas, chovas, grajos!,
a este mi filandón
macabro, fétido, sois invitados,
sumad vuestro excremento
en incremento del montón nefando,
a esta negra liturgia,
al aquelarre del abandonado.
La lengua de mi amada
jamás degustará mis besos francos,
sin su santa saliva
mis babas saben a devuelto y faco,
serían ambrosía
con sólo el gorgoteo de sus labios,
una gota bastara
como manjar eterno y perfumado.
Ya nunca me amará,

ya nunca me amaré, estoy sentenciado,
¡sumaos al desprecio,
insecto, escolopendra, escarabajo,
ácaro, cucaracha!,
formad el cuerpo del resucitado,
maléfico anticristo
que yace en el perpetuo y duro páramo.
Jamás en su mirada
el monstruo podrá verse reflejado,
en célica pupila
orlada del azur y campo blanco,
jamás se verá niño,
aplastan mi expresión todos los años,
eones me la sajan,
la arrugan, corrosión, cáncer, infarto.
Ya nunca me amará,
traedme la Verdad, bichos malvados,
¡venga la sabandija
y el más ratizo y miserable endriago!
¡Cantad, Talía, Orfeo!,
nada puedo pagaros, abogados,
pero pedid por mí
a Leto mi perdón, ha de escucharos.

Orfeo

Talía aquí no está,
y a mí nadie me escucha, compañero,
antes que oírme a mí

su oído prestaría el senil pueblo
ronquera de demonio,
¡destino irónico y rocambolesco!,
mejor un estertor
de chufla, iluto, un exabrupto, un pedo.
¿A Haendel, Frescobaldi?,
mejor un estrambote melopeo,
¿a Mozart, quizá a Bach?,
el pis que se derrama al fregadero,
¿Chopin, a Palestrina?,
vagina en salpicón, semen infecto,
¿a Mahler, a Bellini?,
aquí están derrotados por un cuesco.

Coro

¡Ya estamos nuevamente!,
¡condena de dulcísimos arpegios!,
¿no te podrás callar,
infame y resentido citaredo?,
¿no sabes respetar
libérrimos, tiránicos criterios?,
¡venza diversidad,
iguales flatos hondos y fraternos!

Orfeo

Un día alcé en Milán
cerca del *duomo* un entusiasta templo,

y el Garnier de París
linterna y cúpula lanzó a los cielos,
en Viena yo triunfé
y en Covent Garden tengo mil recuerdos,
Colón de Buenos Aires,
el Metropolitano y el Liceo,
koilon en Epidauro,
y en Taormina, Siracusa y Delos,
¡cuántas veces abrí
la puerta grande en Rodas y en Mileto!,
la Arena de Verona,
de Mérida, de Orange, Palmira y Éfeso,
¡cuántas piedras lloraron
Erato, Euterpe, de gozo y lamento!

Coro

Dirá que ya no van,
que están vacíos gradas, fosos, palcos,
¡quien llora es Mnemosina
al verte a ti piafar!, ¡cuánto fracaso!,
¡qué hastío, cuánta murria!,
quien no llora no mama, inveterado
refrán del castellano,
por Indias y por Diyu igualitario.

Orfeo

¡Insulto al presbiterio

tan penetrado de orcos y fantasmas!,
aplaude turbamulta,
infame la ovación de sus entrañas,
Shedu y su envergadura
expanden un mugido y avilanta
a Balam, a Pazuzu,
sus coros me perforan y me matan,
¡oh, dime, tú, Talía!,
¿no puedes expulsar a Kingu, a Abraxas,
al Bafomet masón,
a Samael, a Sytry, Og, Dev, Raum, Andras?,
¡suplico un exorcismo,
no quiero en mi platea ver a Xaphan!,
no puedo respirar,
de tres en tres mi torso surcan llagas.

Coro

Siempre creyó el ladrón
universal su condición indigna,
su sonce diapasón
no atiende a dichos de la escolanía,
malsano recital,
un duelo de quebrantos y pericias,
vetustos fabularios
versus innatas voces futurizas.

Orfeo

Aquí, a ríos lloro,
se baña mi llorera en el Alfeo,
caudal desde mi infancia,
tenaz y tesonero compañero,
hogaño este repodo
precisa tu surgencia, consejero,
jamás desamorado
estuve tanto, amigo, desespero.

Con el espectáculo gore de Ticio *todavía a su costado, se abre el foco aún más y a la izquierda del prota aparece el arroyo arcadio de toda la vida. Esta vez, sin embargo, es una floja y contaminada acequia de fango agrisetado, en cuyas orillas hieden peces y ranas muertas. La voz del río* Alfeo*, con ser potente, va a tener un dejo gripado, enfermo, aguardentoso. Procede de todos y ningún sitio del odeón. El público es invadido por unas irracionales y estreñidas ganas de irse o de abuchear. Caen las primeras hortalizas pasadas al escenario.*

¡Caray!, ¿qué te ha ocurrido?,
¿qué fue de tu corriente, la albariza
y enérgica flüencia
que al flujo de mi sangre ofreció un día
vigor y auge constante,
en medio de mis penas alegría,
pulsión a mis tristezas,
latir a mi morir y a mi agonía?

Alfeo

Cofrade, ni preguntes,
me dolería recordar mi historia,
océanos y mares
vergüenza sentirían, de tan tonta,
¡ah, poderosos padres!,
os ha salido un hijo todo escoria,
infame basural,
me apesto con hablar, mis sombras sobran.

Orfeo

Alfeo, me sorprendes,
que yo te recordaba risa, espuma,
virginias conmociones
de mozos aplomados y fecundas
doncellas e infantinas,
bañándose y jugando en tus bajuras,
tus calas, vericuetos,
risadas, carcajadas, travesuras.

Alfeo

¡Ay, sí, humano poeta!,
¡qué tónico y precioso fue mi cauce,
pulquérrima piscina,
morada del amor y del romance!,
felices los encuentros,

los juegos, los deslices y las tardes
de eternos los estíos;
pronóstico de siempre el estïaje.
¡Qué verde que era el césped
que en mis bellas riberas fuera alardes!,
gimnásticos misterios,
arengas, confesiones, soleares
a son de castañuelas,
del caramillo, hogueras, festivales,
solsticios luminosos
de brincos, de tonadas y juglares.
¡Calores de San Juan!,
intempestivo brío en mis juncales,
un salpicar de pistia,
suntuosa la salvinia junto al margen,
tinta de la elodea,
ninfeas de cien mil tonalidades,
el lilio a pinceladas,
prolífera paleta, humanas artes
rimadas al flautín
de emocionadas y jocosas aves;
¡qué grácil la mosqueta!,
con esa cabecita gorda, grande,
gobierna un reyezuelo
sobre un chistoso "cua", parpar del ánade,
gallito, el alcaudón,
pinzón, la lavandera, ¡qué elegante!
Creo que todavía
veo chapotear en estas aguas,

hogaño tan resecas,
inmóviles, antaño a nueve hermanas
lozanas, desnuditas,
bogar y navegar pueriles brazas,
¡qué cándidas zambullen
su limpio bienestar en mis entrañas!;
¡mirad a Kolga y Bara
lidiar entre aguadillas sus batallas!,
nostálgica Aminglata
a versos, en la orilla, las retrata,
a Ureder que hunde a Hronn,
a Bylzia, pelirroja, tan galana,
que bufa y hunde a Dufa
y a Hefring, la más guapa, que hunde a Hadda,
¡Ay, hiperbóreas ninfas
en esta latitud jamás extrañas!,
nitores y esbelteces,
rubiales los cabellos, piernas largas,
largos los cuellos, luengos
los brazos y qué holgadas las pestañas,
igual que vuelan cisnes
desde sus fríos, hadas emigradas.
Anfitrión repegón,
de joven recibía yo entusiasta
a mis donosas huéspedes
con una melodía encadenada,
¿cómo suena el amor,
canción del corazón seleccionada?,
¿cómo suena la vida?,

consuena así, de suyo, una muchacha.
Un día, aciago día,
cualquiera, un día negro, cualquier año,
se trastocó mi suerte,
de ahí que me volviera turbio, amargo,
sucio como me ves,
con himno de monarca destronado,
cedente a la acedía,
infecto bodrio, venenoso espanto.
Que no supe de dónde,
pero llegó a mi riba sana y diurna
una cansada joven,
doliente y fatigada, en desventura,
quizá una cazadora,
pues el carcaj y la ballesta adjunta
posó en mi carrizal
y comenzó a lavarse: era Aretusa;
silente, acuclillada,
desprevenidas sus manos confusas
en sangre transparente
sumió, vidrios, cristales en las uñas,
no sé cómo me hirió,
cómo me remató cuando su blusa
a solas se quitó
y mudo me quedé con su figura,
pues mientras desnudaba
doméstico su cuerpo cotidiano
sentía que no había
espíritu vigía, ni cercano,

¿posible esa ternura?,
cohibí respiración, sellé mis labios,
sudores le acogí
y quise mi discurso bueno y calmo;
tobillos le besé,
los muslos, elixir de su cintura,
por su espalda trepé
y cálido envolví trasero y vulva,
cuando llegué a su busto
casi empecé a temblar, ¿placer?, ¿angustia?,
no sé lo que ocurrió,
¡ni que mi alma en concreto fuera inculta
en cuerpos de mujer,
novicia, anciana, fea, linda, adulta!;
fue como vez primera,
bisoño rebullera, ardor, burbujas,
ferviente sin querer,
quise disimular, inútil lucha,
besé, besé, besé,
necesité besar hasta su altura,
su vida y muerte, huesos,
espíritu, dolor, envergadura,
¡total ebullición!,
perdí yo la conciencia y compostura,
la amaba totalmente,
¿y por qué a ella, amor, por qué a Aretusa?,
¿por qué me porté así?,
sin duda la asusté, ¡letal locura!
Debí yo presentarme

prudente, cortésmente, no hay excusas,
conforme se acercó,
decirle "no estás sola"; mi conducta
perdones no merece,
¡fue tan prevaricada e inmadura!,
si quise ser su esposo
cuánto pequé en albricias, ¡cuánta culpa!
"¿Qué es esto?, ¿qué sucede?",
temprano ella imprecara, por supuesto,
después ya comprendió
que no se sumergía en vaso yerto
sino en cáliz de amor,
un grial todo pasión, todo apogeo,
apoteosis, éxtasis,
orgiástica ablución, loca y sin freno.
Mi cazadora grita,
los brazos profanados celan senos,
cierta de ser violada
atribulada nada hacia el repecho
que me ata y me limita,
escapa, pide ejército a los cielos,
y con solicitud
soldados le darán, y más consuelo.
Igual vuelan que nadan,
que triscan y remontan tan potentes,
la auxilian tres delfines
y un cuarto los comanda diligente,
desde mis soledades
se me fuga la amada y yo, demente,

me exorno por seguirla,
de mi sentencia entonces inconsciente.
Muy lejos, isla Ortigia,
la posan los delfines sana y salva,
por onda, hondón, por olas
de jónicos vaivén y marejada,
la calman y la curan
en tibios arenales de una playa,
han sido desde Olimpia
justas deidades, que la rescataran.
Tú te preguntarás
por qué, con todo, lucen apagadas
en tan abominable
factura mis antiguas luminarias,
por qué tan feo Alfeo,
tu río, triste llora que hasta arcadas
entran con sólo verlo,
no hablemos del olor de sus palabras,
y es que la perseguí,
al Hades infiltré todas mis aguas
mejores, las más límpidas,
y anónimas hoy manan en la playa
donde vive mi amor,
las dulces, las sublimes, las más claras,
anónimo regalo
donde Aretusa se lava y se baña.
Yo aquí no puedo verla,
tamaño el trecho, enorme la distancia,
mas la pienso feliz

por algo que le doy, con eso basta,
quejoso e insalubre
ya sólo soy mis restos y mis raspas,
tal vez un día vuelva
si se entera, y si es que no…pues nada.

Orfeo

¿Veraz es lo que escucho?,
¿por eso el río ilustre de la Arcadia
parece un vertedero,
entera la contorna condenada?,
¿es plausible, es que es justo?,
¿parécete tu historia algo sensata,
laudable e incluso hermosa?,
Alfeo, te maldigo, vil canalla.
Grosero Nemoroso,
retruécanos de Títiro en cantatas,
cloacas roedoras
en ripios a baratas cataratas,
¿devienen de tu culpa?,
¿no bajarás testuz avergonzada?,
¿es cierto lo que dices,
toda la vecindad perjudicada?
¿Te atreves a decirlo,
me lo confiesas, furbo, cara a cara?,
sedienta mi Amarilis,
famélica mi Filis y mi Maira,
mi Nise, mi Cirene,

agonizantes Leuce, Alcione, Maya,
¿que todo es por tu culpa,
por sólo tu Aretusa serte ingrata?

Coro

¡A ver si se pelean,
entran por fin en rifas y se matan!,
dos pájaros de un tiro
asaz satisfarían en la panza,
¡hacednos el favor!,
a sable o a pistola, sin palabras,
y no a primera sangre,
a muerte, y a puntilla si alguien falla.

Orfeo

Debo de estar soñando,
¿que de este paraíso la fontana
no cumple su misión
por boba, adolescente y encoñada?
¿Por ella pena Mérope,
Napea se parece a una fantasma,
y Dafne costilluda
en vano se deshoja en la cañada?

Coro

¡Orfeo, mátalo,

va, venga, de un flautazo o una harpada!,
y tú, ¡defiéndete!,
sean escupitajos flechas, lanzas,
¡ay, mansos infanzones!,
¿queréis asesinaros a baladas,
letrillas y *tençôs*?,
¡qué triste malhumor, mariconadas!

No alcanza a encresparse empero la trifulca lo bastante
como para que se llegue a las manos, porque ya iluminada la
completitud de la escena aparece de las tinieblas una nueva
figura, que es la de Níobe, *fantasmática dueña de mediana*
edad, al otro lado del río, hieratismo en la complexión, lividez
en la tez, que interviene, tercia y arbitra.

Níobe

Oíros me estomaga,
¡qué hastío, duelo de tristura vacua!,
trivial tanta infocracia,
en guerra narcisismo y arrogancia,
"¡mira mi sufrimiento!",
"¡pues mira mi dolencia, que es más larga!",
¿legítimo poder
pensabais obtener de rancias trampas?
¿Queréis contaros cuitas,
gozar modalidad en la palabra?,
entonces también juego,
y luego ya veremos quiénes ganan,

pues Níobe yo soy,
de Tántalo desciendo y su macabra
y doliente condición
parece que heredé, y amuchiguada.
Minúscula es mi Frigia,
¿podría alimentar tanta desgracia?,
por eso es chico el mundo,
nada tiene que ver con la pitanza.
En Tebas yo reiné,
soy reina y mi cabeza coronada
debierais percibir
por cédula veraz y autorizada.
A tufo huele Ticio,
alientos del Orfeo me dan náuseas,
y Alfeo…te precede
harto majestüosa tufarada,
aporto mi experiencia,
podría igual guardármela en mi casa,
volvemos al refrán,
nenitos, que quien no llora no mama;
pues sí, que fui dichosa,
catorce mis guajines en mi alcázar
parí y amamanté,
de orgullo yo viví infusión del alma,
a cuál mejor nacido,
a cuál mejor crïado en mi morada,
a cuál más promisorio,
de madre me llené, llena triunfara.
¿Tu Leto?, sí, tu Leto,

igual es bella, tanto turulata,
dos hijos sólo, dos,
catorce yo, me digas, tú compara…
y si Hybris se acercó
para tasar al peso mi substancia
igual ella tal vez
debiera ser pesada y enjuiciada.
Matáronme a mí a doce,
Apolo y Artemisa los mataran,
¿es que hay derecho a eso?,
ya recto o tuerto, di, ¿quién lo cambiara?,
protesto, y qué más da,
¿pende resurrección de mi demanda,
acaso corrección,
cordial compensación a tanto drama?
¡A quién clamar por qué!,
¿puedo resucitar a mis entrañas?,
mi víscera es llorar
y lloro yo, pues valle soy de lágrimas.
¿Pensáis que hay un dolor
mayor que el de una madre que enterrara
a doce creaturas,
una tras otra, inertes bajo lápidas?,
¿ponéis tono de luto?,
¿queréis medir congojas y punzadas,
tormentos del Calvario
con doce cunas que hay en mis estancias?,
vacías, una a una,
pensad en la sonrisa de una sábana,

¿no hay imaginación
en vuestras cabecitas malhadadas?
Las pilas bautismales
presiden funeral en mi mirada,
no hay nada más allá,
la Historia es actuación ya consumada,
es cierta, irreparable,
es su definición, jamás borrada,
soy Níobe y mi historia
es la de Níobe, reina tebana,
y puedo yo engañaros,
y puedo yo engañarme, ¿lo lograra?,
sería sí si sí,
pero como es que no, chitón, macarras,
porque yo no soy Dios,
ni en Roma, en Charlestón, Escocia o Francia,
y la logia de Oriente
favor haríanos si se callara.
No habrá felicidad
si Dios no concediera regalártela,
ponte como te pongas,
no puedes fabricarte la esperanza,
puedes tal vez matarte,
ésa es tu decisión, ya ves que es vana,
matarte a vida o muerte,
¿hacer felicidad?, es hacer nada:
fracasos de palacio,
fracasos de placer y de guarradas,
fracaso de turista

en yate y sepultura veneciana,
fracaso en vacaciones,
fracaso de oficina, usina y fábrica,
fracasa el ganador
acaso más que el alma fracasada,
fracaso en monasterio,
fracaso estoico, laico, en suelo, en cama,
fracasos en los sueños,
fracaso al despertar cada mañana,
fracasas animal
y vence de por sí persona humana,
persona en integral,
a todo hijo de Dios libre entregada.
¡Oh, lágrimas doradas!,
llantina de platino y de patraña,
llorar ébano y palo,
harapo, de joyel, talar, de capa,
de visco y de manjar,
llorar por un cañón, llorar a espada;
el triunfo es el Amor,
al dios de la victoria Yahvé llamas.
¡Arded, arded de amor!,
amad, eso es la vida conquistada,
amad sin concesión,
amad, que sois persona, el hombre ama,
es eso ser un hombre,
hombría en la mujer también la hallaras,
da igual dónde busquéis,
nací yo hija de Dios y lo es quien ama,

quien ama como Él,
nacimos para amar y del amor,
nací capaz de amar,
es ésa nuestra humana condición,
es simple como un huevo,
¡perded el tiempo en otra dirección!,
amar es dignidad,
quien odia, que conozca la razón,
que empiece ante el espejo,
que sepa dónde y cuándo se perdió,
al dar con su porqué
verá frivolidad, burda pasión,
absurdos e ignorancias,
excusas que no nadie demandó,
explicaciones chuscas
y fes como hacia Dios, pero peor,
huecas substituciones
que fuiste amontonando, con rencor,
traiciones a ti mismo,
pereza por cambiar gobernación,
Orfeo, Ticio, Alfeo,
amasteis, no es inútil el langor,
la médula del arte,
¿qué es arte?, hacer belleza del dolor.
El arte es un principio,
el arte es de por sí pedir perdón,
el arte es religioso,
el arte ateo acaba en cagajón,
la religión, si es buena,

católica se llama, ¿crees que no?,
¿no es el catolicismo
distinto de incompleta confesión
precisamente en eso,
por depender entera del perdón?
(*Al público*).
¡Amad, flacos llorones!,
deja ya de quejarte, socabrón,
no me pongas disculpas,
explicación que nadie te pidió,
estás perdiendo el tiempo,
amad, chavales, ¡y a pedir perdón!

Colofón de la mujer por todo lo alto, en alto un brazo animoso y el rostro enardecido, emocionada y estentórea, convencida de que su discurso ha retirado el velo de los ojos de cuantos la oyeron, de que ha mejorado vidas, de que ha mejorado acaso el mundo. Silencio sepulcral. El primero va a ser Orfeo, *pero a su mandato seguirán en tromba y zafarrancho todos los demás. Abucheo, abucheo general, secunda al segundo todo el teatro Carrión y empiezan a llover hortalizas podridas, chicles usados, palomitas de maíz, bollicaos a la mitad, bolas de plástico… La orquesta no sabe cómo continuar. De hecho, los instrumentos, cada uno con sus características, se prestan a ser empleados como variopinta panoplia marcial. La invasión del escenario no se hace esperar. "¡Puta!", por aquí; "¡guarra!", por allá; "¡facha!", por acullá. Aunque no sé muy bien por qué, hay mucha gente que se pone a ladrar unísonas soflamas, tonantes y ridículas onomatopeyas animalescas, como si las llevara preparadas de antemano:*

"¡TERF!", "¡GUAF!", "¡TRADGUAIF!" ¡Mirad, un travesti pateando en la cabeza a un niño del coro! ¡Cruje! No entiendo nada de nada, pero mejor hacer bomba de humo antes de que me identifiquen. Quizá me libre, quizá consiga a la vez ser digno escritor y sortear a mi generación sin ser reconocido. Atrás queda el teatro. Se están repartiendo en montonera hostias como panes, sin discriminar y sin orden ni concierto, pero no pienso quedarme aquí a racionalizar, teorizar o analizar el carajal.
Que venga la policía, ya verá lo que la espera…

TELÓN

Este libro se publicó
el mes de marzo
del año 2025

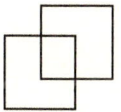